AF403907

J. D'ANSELME DE PUISAYE

LES VITRAUX

DE LA CATHÉDRALE DE TUNIS

ET

L'ESPRIT RELIGIEUX DE NOTRE TEMPS

PARIS

ERNEST LEROUX

28, rue Bonaparte, 28

1901

LES VITRAUX

DE LA CATHÉDRALE DE TUNIS

ET

L'ESPRIT RELIGIEUX DE NOTRE TEMPS

J. D'ANSELME DE PUISAYE

LES VITRAUX

DE LA CATHÉDRALE DE TUNIS

ET

L'ESPRIT RELIGIEUX DE NOTRE TEMPS

PARIS

ERNEST LEROUX

28, rue Bonaparte, 28

—

1901

À la Mémoire

du Marquis d'Anselme de Puisaye

Officier supérieur de Cavalerie

& durant plus de quarante ans

Président du Conseil d'Administration des Musées de la ville d'Avignon

Hommage de piété filiale

Mis d'A. de P.

Tunis, mars 1901.

LES VITRAUX

DE LA CATHÉDRALE DE TUNIS

ET

L'ESPRIT RELIGIEUX DE NOTRE TEMPS

De toutes les émotions qui font vibrer l'âme humaine, il n'en est aucune qui l'émeut, la passionne et la bouleverse autant que la pensée religieuse. Elle a fait des saints et des martyrs, produit des monstres, multiplié les illuminés et provoqué les controverses les plus ardemment combattues.

Il appartenait à notre siècle de créer certaines classes montrant sur toutes choses la plus incompréhensible indifférence. Avides de sensations nouvelles, leur esprit court aux nouveautés sans vouloir s'y arrêter même le temps nécessaire pour saisir les beautés ou les imperfections d'une œuvre qu'il faudrait pénétrer jusqu'à son essence, afin d'en connaître la valeur. Juger sans avoir vu et ne jamais sentir fortement, telle sera la physionomie de notre époque.

Regarder avec une attention soutenue, se replier longtemps sur soi-même est la seule méthode d'analyse pouvant ramener sans cesse sous nos yeux la belle ordonnance qui fait l'harmonie de la création matérielle d'un objet, ou la logique conception d'un système.

A l'heure où nous sommes, pour les masses, les religions semblent agoniser sous l'indifférente lassitude des peuples étonnés de nos incertitudes; peut-être bien aussi sous l'apparente étroitesse de dogmes incompris et la mesquinerie moderne des cultes ayant perdu de leur grand caractère d'initiateurs.

Le problème actuel ne se compose pas seulement de questions sociales et morales, mais, quoi qu'on en dise, surtout de questions religieuses. Partout on les retrouve dans les préoccupations des hommes qui fouillent la pensée humaine : depuis le premier grand livre du siècle : *Le Génie du Christianisme*, en passant par Lamennais, avec son *Essai sur l'Indifférentisme*, par Joseph de Maistre, dans son livre *Du Pape* et ses *Soirées de Saint-Pétersbourg*, jusqu'aux chercheurs de religions modernes : les Victor Cousin, Auguste

Comte et Pierre Leroux, qui tous ont voulu créer une autorité nouvelle capable de se substituer à l'ancienne.

Il n'est pas jusqu'à Alexandre Vinet, dans *l'Histoire de la Littérature française*, et Sainte-Beuve, dans son *Port-Royal*, qui ne soient dominés par le point de vue religieux. Balzac et George Sand, l'un retranché dans l'intransigeance de *son catholicisme*, l'autre perdu dans les espérances confuses d'une sorte de socialisme humain, ont tous les deux bien marqué cette irrésistible tendance. Lamartine dans *Jocelyn*, Alfred de Vigny dans *les Destinées*, ont de leur côté pris parti dans le grand débat.

On en peut dire autant de Renan et de Taine, recherchant la synthèse des apports successifs que la science, l'érudition et la littérature faisaient chaque jour de plus en plus nombreux dans le domaine de la rigoureuse observation. Le premier, avec son *Histoire des origines du Christianisme*, s'imagina aborder le problème religieux dans toute sa grandeur et son inquiétude, et le second, dans ses premiers écrits, fit jaillir plus d'une lueur dont l'éclat dure encore.

Plus près de nous, mais sous une autre forme, Tolstoï fait une grande place à la question religieuse; et quelle autre signification à trouver dans le dernier roman de M° Humphry : *Vard-Helbek de Bannisdale ?* Puis, quelle serait la pensée de George Eliot dans le *Daniel Deranda*, si elle n'est pas religieuse ?... Ceux qui voudraient suivre plus loin cet insondable courant le retrouveraient facilement dans l'œuvre presque entière de Feuillet, en allant de *Sibylle* jusqu'à *Morte*.

N'est-il pas vraiment saisissant de voir la France, la patrie d'un Voltaire et de Montaigne, redonner à cette question toute l'ampleur qu'elle comporte! et malgré que l'on ait voulu l'écarter, elle revient sans cesse se mêler aux soucis de demain. Un jour viendra où il faudra bien s'en occuper plus directement encore, et si notre génération n'est pas destinée à trouver l'apaisement, ceux qui nous suivront reprendront nos inquiétudes ou nos doutes, car ils n'échapperont pas plus que nous à son obsession.

A Tunis, cette indifférence se cache sous les dehors d'une sorte de religiosité masquant assez mal une froideur incompréhensible où le vide se le dispute à la légèreté. On va bien à la messe; on veut bien aussi paraître au sermon du soir, surtout aux périodes consacrées par l'Eglise, mais la pensée est souvent ailleurs, et l'esprit se laisse absorber par les futiles bruits du dehors.

Qu'importe la majesté du lieu, le sublime caractère du culte et le cadre resplendissant qui sert à l'isoler des mesquineries et des brutalités de la vie matérielle? On a sacrifié à l'usage, on s'est mis en règle avec le bon ton : Dieu doit être satisfait.

Le Grand Sauveur des âmes en détresse veut mieux que cela... Il faut voir et sentir, s'humilier et aspirer aux béatitudes de l'extase, moments de félicité où l'âme se sent transportée hors du corps et participe ainsi, sans aucun mélange, aux choses divines.

Une cathédrale lève ses hauts murs sur l'azur du ciel qui a jeté sa clarté lumineuse au centre même de cette antique Église d'Afrique qui nous a donné Tertullien et saint Cyprien. Et pas une voix ne s'est élevée pour réclamer que la grandeur et la majesté de l'édifice traduisent la grandeur et la majesté du passé!

Ni la persécution de Dèce, ni les édits de Gallus et de Volusien n'ont pu effacer toute cette gloire, et de nos jours, pour la traduire aux yeux de la foule ignorante, notre époque, lasse de tout, n'a su élever qu'un monument sans style, muet pour l'âme chrétienne, glacial pour l'imagination cherchant les grandes et irrésistibles manifestations du culte divin!

Le mal était fait, « irréparable »; ceux qui avaient charge de diriger les travaux n'ont pas pensé, avant de bâtir, que la Maison de Dieu ne se construit pas pour une génération, mais bien pour une longue suite d'années : qu'elle doit en imposer aux foules, et ravir la pensée humaine par sa belle ordonnance architecturale et l'harmonie de son ameublement intérieur.

L'éminent prélat qui dirige si paternellement notre Église africaine ne pouvait corriger cette fatale erreur. Atténuer était seul possible... Il fallait donc faire appel à la douce et chatoyante harmonie des vitraux pour réchauffer la froide impression qui se dégage de la lourdeur des lignes et de l'étroitesse de la conception.

Malheureusement, l'art du vitrail, comme beaucoup d'autres merveilleux métiers en pleine floraison au moyen âge, n'est plus guère goûté des masses, ni en grand honneur parmi les classes les plus éclairées de notre siècle de tout à la vapeur.

Cependant, la peinture sur verre, cette belle décoration transparente d'une large baie par des plaques de verre juxtaposées et réunies par des filaments de plomb, trop longtemps négligée, semble reprendre de nos jours la place qu'elle n'aurait jamais dû quitter dans l'architecture monumentale.

Les travaux des Brongniart, des Vatinelle, des Mortelèque, des Dhil, des Didron ont provoqué la réhabilitation de cet art admirable, et depuis 1826 Sèvres possède un atelier de peinture sur verre qui vit les premiers essais de Robert peignant sur translucide (d'après un dessin de Fragonard) *François Ier chez le Titien*.

Bien que le mot verrière soit synonyme, il paraît plus rationnel de ne l'employer que lorsque l'on veut désigner des vitraux de grandes dimensions, à décoration purement géométrique ou à combinaisons simples et répétées. Un vitrail proprement dit forme un tout à composition séparée : si à côté d'un vitrail on en juxtapose un second, cela fait deux vitraux ; tandis que si à une verrière il s'ajoute une verrière semblable, il n'y aura en réalité qu'une verrière plus grande.

Si on peut dire que, dans notre siècle, la grande majorité des pièces exposées aux yeux des amateurs témoignent d'une remarquable habileté, il est à remarquer que cette habileté nuit presque toujours à la largeur des effets. L'artiste qui a reçu la mission de décorer les baies d'une église n'est jamais assez pénétré de cette vérité : que le *vitrail* est une œuvre de foi ; que le *vitrail* est essentiellement religieux, et que l'art, dans ce qu'il exprime, doit toujours atteindre l'effet naturel au milieu qui l'a fait naître.

L'art du vitrail est dans une mauvaise voie depuis trois siècles, par la seule raison de la trop grande habileté des procédés, qui a tué la naïveté dont il ne peut se passer. Pour s'en convaincre, il suffit de suivre la longue suite des travaux de nos peintres verriers les plus célèbres, et, dans leurs rangs, les artistes français tiennent la première place.

Voici du reste la liste des meilleurs d'entre eux : Jean Cousin, de Sens, à qui est attribué la *Réception de la Reine de Sabba* à Saint-Gervais, et qui a ensuite décoré les vitraux de Saint-Etienne-du-Mont ; c'est aussi Jean Liquet, qui travailla à Bourges ; les Anquetil, les Besoche, puis Mayet Evrard (tous à Rouen) ; les Henriot à Châlons ; Germain Michel à Auxerre ; Heron à Saint-Merry de Paris ; Desaugives, qui a collaboré avec Cousin ; Robert Pinaigrier à Chartres et à Saint-Gervais de Paris ; Jean Demole à la Cathédrale d'Auch ; les deux Marseillais Claude et frère Guillaume, passés en Italie pour décorer le Vatican ; enfin Augrand ou Enguerrand le Prince à la Cathédrale de Beauvais et son gendre Le Pot au château d'Ecouen ; puis le grand céramiste Bernard Palissy, qui dirigea entre temps l'exécution d'importantes verrières. L'on peut voir au musée de Cluny (n° 1977) et au Louvre, salle des Palissy (série F., n°s 194-197), des vitraux attribués à ce grand artiste.

Il est nécessaire pour bien comprendre cette étude de reprendre l'art du verrier au moment même où apparaissaient les monuments qui devaient lui servir de cadre : c'est-à-dire regarder l'architecture vers 1100 ; car il est de toute évidence que ces vitraux du xii° siècle sont les plus remarquables entre tous, si l'on veut seulement considérer l'art du verrier au seul point de vue décoratif.

Le plus ancien document qui puisse être consulté sur la fabrication des vitraux est l'ouvrage du moine THÉOPHILE, et ce religieux, par les recettes qu'il donne, le goût de l'ornementation qu'il prescrit, semble avoir vécu dans la seconde moitié du xii° siècle. [1]

La recette pour faire la grisaille, le modelé, le trait répété sur le verre, Théophile indique tout cela dans le style du temps, avec la sûreté d'un homme ayant pratiqué longtemps. Pour quiconque a regardé de près les vitraux fabriqués pendant les xii° et xiii° siècles, il est acquis que les verres employés sont colorés dans la pâte et que le modelé n'y est obtenu qu'au moyen d'une peinture noire ou noire-brune appliquée au pinceau sur les verres et vitrifiée au feu.

Nous passerons sous silence tous les principes élémentaires, et beaucoup d'autres que notre moine décrit avec un luxe de détails propres à ces beaux ouvriers du moyen âge ; il nous suffira de dire que les peintres-verriers du xii° siècle savaient les employer avec une telle sûreté, qu'il faut bien admettre chez ces artistes une longue suite d'observations. Il n'est guère permis de supposer qu'ils ont su établir sur ces relations des couleurs translucides une théorie écrite, sorte de traité scientifique, comme le pourraient faire les artistes verriers de nos jours. Il est plus prudent de croire qu'ils procédaient par la méthode expérimentale et que les traditions acquises se transmettaient d'atelier en atelier par le va-et-vient des ouvriers.

Cependant, de bien grands noms figurent dans les annales de la peinture sur verre : on y compte Jean de Bruges, Léonard de Vinci, Lucas de Leyde, Albert Durer, Holbeins (Hans), Lorenzo Ghiberti, Giorgio Vasari, Jean Cousin, H. Goltius, Van Dyck, Gerard Dow, Both le père et Penicaud, le fameux émailleur de Limoges, comme Bernard Palissy avait été peintre sur verre dans son temps.

Lorsque l'on songe à la quantité prodigieuse d'églises qui furent élevées pendant toute la période qui s'étend du moyen âge à la Renaissance, au luxe que réclamaient les châteaux et les habitations des Grands de cette époque somptueuse, l'on est moins surpris du nombre considérable des peintres-verriers qui pratiquaient alors.

[1] *Diversarum artium Schedula.*

Il serait sans grande utilité de rechercher ici les origines de l'art du vitrail, car l'époque où l'on pourrait relever le premier emploi des vitres colorées est bien incertaine. Tout ce que l'on peut dire, c'est qu'il est de toute évidence que si les plus anciens vitraux parvenus jusqu'à nous ne remontent guère au delà du XII° siècle, il est bien certain que ce mode de clôture était connu et mis en usage depuis longtemps. L'examen attentif de ces vénérables débris le prouve suffisamment; car la nette précision du procédé annonce déjà une époque affranchie des tâtonnements des débuts, et il serait difficile d'admettre qu'un art aussi complexe que la peinture vitrifiée ait pu arriver dès son premier effort à une fabrication aussi parfaite. En matière d'art, rien ne s'improvise tout d'une pièce. Pour pénétrer l'objet de cette étude, il convient de remonter, avons-nous dit, au moment où l'art du verrier s'introduisit dans les monuments de la grande architecture, vers 1100, environ. A cette époque déjà les vitraux exécutés par les peintres-verriers sont d'un beau caractère, parce qu'ils ont été sobrement combinés dans l'ensemble et ne font pas perdre à l'œil, et oublier à l'esprit, l'harmonie imposante ou la hardiesse des lignes architecturales qui forment la beauté d'une cathédrale.

Il est toutefois bon de rappeler ici que, dans les mentions qui sont faites des verrières à Saint-Jean-de-Latran, à Saint-Paul hors les murs, à Saint-Pierre, à Sainte-Sophie et dans toutes les autres basiliques mentionnées par Grégoire de Tours, Fortunat et Apollinaire, il s'agit seulement des verres *teints,* et non pas des verres *peints,* pour la fermeture des fenêtres. On en peut dire autant des églises de Wilfrid et de Benoit-Biscop; car, de l'avis de Lasteyrie, Viollet-le-Duc, Labarte, Hendric, Rapse, Morelli, Emeric David, de Montabert et Batissier, les débuts de la peinture sur verre sont postérieurs à Charlemagne.

« L'auteur anonyme qui a laissé un traité sur l'art de *teindre* le « verre, celui de le dorer, et que Mabillon et Muratori croient contem- « porain de Charlemagne, ne dit rien dans son ouvrage qui se rap- « porte à la *peinture sur verre ;* il en eût certainement parlé, si elle « avait été connue de son temps. » [1]

Cette observation vient fort à propos rappeler que trop souvent on confond les *verres peints* et les *verres teints* sous l'action d'oxydes métalliques. Ces derniers reçoivent leur coloration en pleine fusion

---

[1] Emeric David : *Histoire de la peinture.*

dans la masse toute entière, tandis que le *verre peint* est simplement coloré à la surface selon les besoins d'une composition d'ornements ou de figures, que la fusion fixe d'une façon durable avec tous les tons choisis par le dessinateur. La différence est donc facile à saisir; et elle est une des meilleures preuves que l'art de peindre le verre n'était pas connu à l'époque où furent édifiés en Orient les anciens temples chrétiens.

Le IX° siècle montre le plus ancien vitrail connu, le *Martyre de sainte Paschasie*, placé à Saint-Bénigne de Dijon, mais à cette époque l'art du verrier était loin d'avoir la saveur qu'il devait atteindre.

Il ne reste rien des X° et XI° siècles, comme certitude tout au moins, l'ancienneté des verrières de Hildeshein et de Tégernsée n'étant pas suffisamment confirmée; le vitrail de Chartres est lui-même fortement contesté, et l'*Ascension* de la cathédrale du Mans est mise en doute pour cette date. Pas plus qu'il est admis que les trois petits panneaux : *Mages endormis, Jésus devant Pilate, Jésus aux Limbes,* peuvent figurer en toute garantie aux travaux de cette période.

Les apparences sont trop souvent trompeuses; il est toujours prudent de ne point se hâter de conclure. On en voit l'exemple dans les verrières du cœur de Saint-Rémy à Reims que l'on dit contemporaines de celles du Mans, mais que plusieurs placent à une date postérieure. L'empreinte byzantine qu'elles portent serait suffisante à les faire classer au XII° siècle.

Dans les six verrières que l'on y remarque, se trouve un calvaire d'une expression très particulière, marquée d'un caractère farouche on ne peut plus significatif; les trois fenêtres les plus rapprochées des bords, deux à gauche, une à droite, montrent des figures de rois et de grands-prêtres dessinées dans ce même esprit décoratif. Les tons sont pareils : brun clair, blanc verdâtre et vert neutre. Les vêtements se coupent de bandes de couleur garnies d'ornements jaunes et de points rouges, principalement aux chausses des personnages.

Un autre exemple de cette facile erreur se voit dans les grandes verrières de la cathédrale de Poitiers ; elle démontre jusqu'où peut mener la physionomie générale d'une œuvre lorsqu'elle a conservé une grande et robuste intensité d'archaïsme.

Tous les archéologues les avaient placées dans les productions remontant au commencement du XII° siècle ; plus tard l'on dût reconnaître qu'elles appartenaient au début du siècle suivant, époque où les peintres du centre de la France venaient de secouer le joug byzantin pour s'adonner de préférence aux effets de la composition.

Quoi qu'il en soit, le xiie siècle a, de l'avis de tous les maîtres, une supériorité incontestable sur le xiiie comme style du dessin applicable à la peinture sur verre, et plus encore peut-être par l'entente de l'effet simultané des couleurs translucides, malgré que le dessin des peintres de cette période relève surtout de la méthode grecque-byzantine, où le nu impose la forme et ne laisse aux draperies aucun autre rôle que celui de l'envelopper. Le hasard n'intervient plus ici dans l'action du peintre, car l'ensemble et les détails sont conçus et exécutés suivant des principes établis sur une profonde observation; tandis que plus tard, dans les œuvres les mieux venues, on relève assez souvent, au milieu d'une belle composition, les négligences les plus regrettables.

Pour aider à la clarté de cette étude, on ne pouvait mieux faire que de demander à Viollet-le-Duc la nomenclature des verres employés par les artistes du xiie siècle : nous l'empruntons tout entière à son admirable *Dictionnaire raisonné d'architecture*, au mot vitrail, tome IX, page 381.

En voici la liste :

Bleus......
- 1° Bleu limpide, légèrement turquoise ;
- 2° Bleu saphir, mais verdissant ;
- 3° Bleu indigo, intense ;
- 4° Bleu azur, très clair, gris de lin.

Jaunes.....
- 1° Jaune paille fumeux ;
- 2° Jaune safran ou orbistré.

Rouges.....
- 1° Rouge non doublé, orangé très doux et égal de ton ;
- 2° Rouge intense, jaspé ;
- 3° Rouge clair, fumeux.

Verts......
- 1° Vert-jaune limpide ;
- 2° Vert émeraude. Ce ton à la main paraît se rapprocher plutôt du gris que du vert, il ne prend son éclat qu'à distance, et surtout par opposition des tons bleus ou rouges ;
- 3° Vert bouteille. A la main, ce vert paraît froid : il prend sa qualité comme le précédent.

Pourpres...
- 1° Pourpre clair, chaud ;
- 2° Pourpre limpide, azuré ;
- 3° Pourpre sombre, vineux ;
- 4° Pourpre clair, très clair, fumeux, pour les chairs.

Tons rares. { 1° Mordorés, couleur vin d'Espagne ;
2° Vert sombre, chaud.

Blancs..... { 1° Blanc jaunâtre, fumeux ;
2° Blanc gris, glauque ;
3° Blanc nacré.

Il ne faudrait pas conclure de cet exposé que les maîtres ouvriers d'alors possédaient une technique parfaitement déterminée : les verriers du moyen âge procédaient surtout par empirisme, et leurs opérations chimiques devaient produire plus d'un imprévu et des variétés souvent inattendues. Au dire de Théophile, l'artiste s'étudiait à profiter des tons heureux que le hasard se plaisait à lui donner. Dans ce domaine de l'imprévu la palette du verrier devait s'enrichir à chaque instant d'une tonalité nouvelle impossible à rendre le lendemain avec la même valeur.

La classification donnée plus haut n'est donc faite que pour indiquer les valeurs principales, toujours soumises dans la pratique à des variétés nombreuses. « Le grand talent de ces admirables artistes, dit Viollet-le-Duc, consistait surtout à ne jamais juxtaposer deux valeurs égales et à profiter avec un sentiment réel de coloriste des variétés tonales ».

Un des meilleurs exemples de cette application se voit dans un petit vitrail d'une chapelle à l'église de Neuviller, en Alsace. Thimothée, le martyr, s'y trouve représenté à mi-corps, de face, avec des traits allongés, et tenant à la main une palme sans forme déterminée. Le bleu et le vert sont les couleurs de son vêtement bordé d'un ornement enlevé au style ; l'auréole rayonnante est en grisaille, le fond rouge ; la bordure est large avec les organes épais sur fond bleu. Ce composé a un tel air de byzantinisme que plus d'un archéologue a d'abord été tenté de reculer l'exécution de ce travail au IX° siècle ; Lasteyrie lui-même, dans son *Histoire de la Peinture sur verre,* nous fait part de ses hésitations.

Merson, dans son travail si documenté sur les vitraux, parle des dix-huit fragments exposés au Musée des Arts décoratifs, provenant pour la plupart d'un édifice antérieur à la cathédrale de Châlons-sur-Marne. Dans les débris de ces anciennes verrières, le style byzantin est surtout frappant. On y voit en quatre panneaux de cinquante centimètres de côté : l'*Apparition de saint Gamaliel au prêtre Lucius;* les figures se lèvent en vigueur sur un champ bleu d'une excellente tonalité. Il faut encore s'arrêter devant une crucifixion, panneau de 0ᵐ 80 environ ; « un grand nimbe rouge fait ressortir en clair le calvaire, et la Vierge et saint Jean s'y profilent debout, à droite et à gauche ». Il n'est pas jusqu'aux figures symboliques de la *Synagogue,* de l'*Eglise* et celle de *David* qui ne méritent que l'on s'y arrête longuement. Tous ces morceaux sont d'un caractère byzantin très aride et d'une exécution âpre, mais décorativement ils ont une saveur singulièrement expressive.

Le souci de la juste interprétation de la nature était la moindre des préoccupations des maîtres-verriers du xii⁰ siècle ; une vague ressemblance de la réalité suffisait à ces artistes ingénus, et nous aurions bien mauvaise grâce à leur demander plus qu'ils ne nous ont donné, car, en somme, si dans leurs compositions les figures s'amincissent en s'allongeant avec exagération, ou bien encore se tassent en formes lourdes et trapues, si le dessin manque de correction, si l'expression du visage est parfois outrée, le geste gauche et trop raide, par contre, quels ornemanistes ne font-ils pas par la robuste allure des motifs et de leur ajustement, et quelle pénétrante impression claustrale dans l'austère sûreté du contour et de l'exécution de l'ensemble ; puis, quelle chaleur et quel charme dans leur inimitable coloris, que personne ne pourra jamais dépasser !

Intimidés et souvent mal habiles dans le dessin d'un visage, d'une main ou d'une draperie, les verriers de ce temps devenaient d'une adresse incomparable dans le dessin des souples linéaments d'un rinceau et traitaient l'ornement avec une finesse de goût sans égale et une légèreté de main extraordinaire.

Il est vraiment dommage qu'il nous reste si peu de ces vieux vitraux ; ils se comptent, ceux échappés aux incendies, aux guerres dévastatrices de ces époques tourmentées. A ces pertes regrettables, en vinrent s'ajouter d'autres, suite inévitable de remaniements et de reconstitutions des églises : heureusement que les verriers du xiii⁰ siècle, qui furent appelés à substituer de nouveaux vitraux à ceux de leurs devanciers, en respectèrent les plus beaux, et ceux qui nous restent, on peut le dire hardiment, ne redoutent aucune rivalité pour le goût et la force de l'ornementation. Par la beauté du coloris, ils l'emportent sur tout ce qui a été fait dans la suite.

C'est encore au xii⁰ siècle qu'il faut s'adresser pour retrouver les premiers vestiges des vitraux *incolores*. L'honneur de cette découverte revient à l'abbé Texier, chanoine de Limoges, qui, le premier, a signalé ce genre de vitrail. C'est en 1843 qu'il put reconstituer des panneaux de verre blanc provenant de l'abbaye de Bonlieu (Creuse). Puis, en 1849, quelques autres, sortis de l'abbaye d'Obazine (Corrèze), deux monastères de l'ordre de Citeaux dont les églises furent édifiées vers 1141 et 1143.

Le verre blanc absolu n'était pas connu des verriers du moyen âge ; il est donc acquis que le blanc absolu des vitraux incolores est tout relatif. Sa couleur verdâtre se retrouve partout, tirant parfois, sous l'action d'une cuisson plus ou moins vive, sur le jaune fumeux ou sur le bleuâtre légèrement froid. Cette variété de nuances dans un ton fondamental servait admirablement ces habiles verriers préoccupés surtout des ornements décoratifs.

Vers la fin du XII° siècle, les vitres incolores ferment les baies de beaucoup d'églises et de chapelles. D'elles, date l'origine des belles grisailles qui furent tant goûtées au XIII° siècle ; dont l'abus, cependant, fut pour beaucoup dans la décadence de l'art du vitrail.

Le XIII° siècle nous a laissé un grand nombre de vitraux assez bien conservés, mais de notables modifications introduites dans l'architecture en changèrent quelque peu le caractère primitif.

Pour faire pénétrer plus largement la lumière dans le vaisseau des églises, les fenêtres reçurent plus de largeur et plus de hauteur. Une même ogive réunit souvent deux ou trois baies et parfois davantage. Des roses en forme de trèfle, de quatre feuilles ou polylobées, furent percées dans le tympan, et les roses de la façade et des transepts prirent alors des proportions considérables. Celle de la cathédrale d'Amiens a 11ᵐ de diamètre ; à Chartres, elle mesure 11ᵐ 50 ; celles de Notre-Dame de Paris vont jusqu'à 13ᵐ 50.

Les murs se trouvèrent de la sorte réduits aux proportions indispensables à la solidité de l'édifice, et la partie haute de nos cathédrales ne fut plus qu'une majestueuse et gigantesque claire-voie dont l'harmonieuse souplesse des lignes charme et surprend tout à la fois. A ce moment l'art ogival touchait à la perfection.

La hâte de construire, l'impatience d'habiller somptueusement nos grandes églises, tant de travaux à exécuter à la fois, obligèrent les peintres-verriers de ce temps à composer leurs vitraux avec une fiévreuse promptitude. Dans leur désir de satisfaire à toutes ces multiples demandes, ils n'eurent plus assez de temps à consacrer aux études et aux recherches d'une technique encore pleine d'imprévus. Cet état de choses les arrêta longtemps dans la voie du progrès, et la négligence est la règle générale dans tout le cours de ce siècle.

Il est toutefois facile de remarquer chez les verriers du XIII° siècle une tendance manifeste à se servir de formules nouvelles, et si l'idée reste spiritualiste, la forme incline de plus en plus au naturalisme. Cette évolution se voit surtout dans les vitraux de la cathédrale de Bourges, au panneau où se trouve la scène des *Fils de Jacob rapportant à leur père la tunique de Joseph*. L'observation directe de la nature s'y relève à plusieurs endroits, et l'intention dramatique s'y montre plus directement.

Les maîtres-verriers du XIIIe n'enrichirent que médiocrement la palette de leurs devanciers. Ils en restèrent au bleu, au rouge, au violet, au pourpre, qu'ils réservaient pour les grandes surfaces, et le vert aux moins importantes. Le jaune discrètement employé et le blanc verdâtre pour les clairs; le brun obscur pour les contours, aux fortes ombres dégradées en hachures, dans le voisinage de la lumière. En dehors de ces couleurs fondamentales venaient s'ajouter les intermédiaires connues et toutes les autres sorties des hasards de la cuisson : le bleu limpide tournait souvent au verdâtre et parfois à l'indigo; le vert prenait aussi, à l'occasion, toute l'intensité de l'émeraude, ou empruntait quelques teintes à la turquoise; le jaune sortait du four clair ou fumeux, et le blanc se modifiait en tonalités verdâtres opalines ou nacrées. Mais en somme, les vitraux du XIIIe siècle sont loin d'avoir la coloration claire et limpide de ceux du XIIe; c'est là une de leurs marques les plus caractérisées.

Comme nous l'avons dit plus haut, il est bien certain que l'économie a été une des causes principales de l'emploi des grisailles; quoi qu'il en soit, on leur doit un charme de plus à ajouter au jeu de la lumière dans l'éclairage des églises, et le pittoresque ne pouvait qu'y gagner. Leur opacité suffisait à neutraliser le miroitement trop vif des rayons solaires, mais restait assez translucide pour livrer passage à la lumière dans toutes les parties élevées du vaisseau. La grisaille assouplit le chatoiement un peu vif de toutes les nuances des vitraux colorés, sous une sorte de léger glacis tendrement nacré, de la plus délicieuse finesse. De cette gamme austère, ces admirables artistes ont tiré une symphonie toute faite de vibrations réglées, qui chante, radieuse et recueillie, dans le bas du sanctuaire et s'illumine souriante dans les hauteurs des voûtes.

Le poète et l'artiste à la recherche de ces émotions au charme reposant peuvent les demander à la cathédrale de Chartres, qui a conservé la presque totalité de ses anciens vitraux.

Nous sommes fort pauvres en vitraux du XIVe siècle, malgré le développement que prit alors le vitrail civil, et il ne nous reste rien de tous ces verres colorés que les rois plaçaient à profusion dans leurs palais, pas plus que l'on ne retrouve les débris de ces riches croisées qui décoraient les hôtels des grands seigneurs de l'époque. Du fameux hôtel de Saint-Paul nous ne possédons aucun vestige. Que sont devenues les belles verrières de la chapelle de l'hôtel de Bourbon ? Où sont allés tous ces beaux verres peints par Pierre David et Claude de Loup pour les luxueuses demeures de Louis d'Orléans ? De celles faites par Pierre Girole, par Jean de Beauvais, Guillaume de Francheville, Pierre et Thibault d'Arras pour les châteaux de Philippe le Hardi, duc de Bourgogne, on en cherche en vain les traces !...

La différence qui se remarque entre le vitrail du xiii⁰ et celui du xiv⁰ siècle est attribuée par quelques auteurs à ce que les verriers de ce dernier temps s'étaient soustraits à la servitude de l'architecte et s'isolaient davantage que leurs prédécesseurs « du maître de l'œuvre ». Le relevé des œuvres de l'époque prouve cependant que ces grands constructeurs n'en continuèrent pas moins à approvisionner les peintres sur translucide de modèles pris aux motifs les plus divers de l'architecture.

Le goût seul était changé, corrompu peut-être ! Les petits médaillons firent place aux figures de saints soutenus par des piédestaux sous forme de balustre et souvent couronnés par des pinacles... C'est à ce moment, dit Levieil, que les peintres verriers abandonnèrent ces brillants panneaux émaillés de petites figures jetant leurs notes claires sur un fond de mosaïque.

L'art de dessiner plus correctement devint un des premiers soucis du verrier du xiii⁰ siècle ; malheureusement, s'il améliore les proportions de la figure, s'il précise le contour du visage et des mains, il recherche trop la grâce et finit souvent par tomber dans le maniérisme. Avec la grisaille il s'ingénie à modeler les formes, et par le jeu des demi-teintes il s'efforce d'adoucir le passage des ombres aux teintes claires, et, selon la juste expression de Levieil, « il tâte le clair-obscur ».

Si, parallèlement à ces progrès, la puissance de l'effet décoratif n'avait pas diminué, les vitraux de ce siècle compteraient parmi les plus beaux de ceux que le temps nous a conservés ; il n'en est rien au contraire, et la recherche des riches harmonies s'affaiblit ou s'égare dans une voie fâcheuse. Le verrier ne sait plus régler l'emploi des couleurs claires ; dans ses formules le blanc et le jaune jouent un rôle trop important ; ils deviennent en quelque sorte les couleurs fondamentales de l'ornementation et dominent de plus en plus dans les verrières.

Dans les vitraux des deux siècles qui précèdent, les blancs sont plus rares et toujours divisés en fragments répartis avec beaucoup d'à-propos dans l'ensemble de la composition. Placés en regard de ceux du xiv°, ils les font paraître creux et livides, et, quoique d'un art plus avancé, ces derniers perdent à être regardés de loin et jugés seulement dans le gros œuvre. Ils relèvent du tableau et gagnent à l'examen lorqu'ils sont regardés pour eux-mêmes.

L'architecture ogivale du xiv° siècle n'a apporté aucun changement bien radical au style général de ses devanciers. Seul le caractère des formes et des ornements avait subi diverses modifications assez marquées pour déterminer facilement la classification d'un monument.

Les édifices se couvrirent de festons trilobés, de riches panneaux furent ajoutés au nu des murs, des pinacles admirablement découpés s'élevèrent sur l'azur du ciel, et des niches en encorbellement fouillèrent avec art ces majestueuses carapaces de pierre.

Malheureusement pour l'art du vitrail, les ouvriers ne voulurent pas se laisser devancer dans cette recherche trop exubérante et surtout illogique. On trouve la preuve de ce fâcheux engouement au transept de la cathédrale de Saint-Maurice à Angers. A côté de verrières données vers 1440 par l'évêque Jean-Michel, et que l'artiste a remplies d'une architecture aux innombrables détails, noyant à l'envi tous les personnages sous des effets qui seraient d'un grand éclat si plusieurs vitraux des xii° et xiii° siècles ne les refroidissaient singulièrement par leur voisinage.

Tout contribuait à éloigner l'art du verrier de son but naturel. Les procédés matériels d'exécution s'étaient beaucoup améliorés et la palette du peintre enrichie de plusieurs colorations nouvelles, soit par le verre doublé, où l'émeri enlève quelques parties colorées, soit encore en superposant un verre de couleur à un verre d'une couleur différente : on double un verre bleu d'un verre rouge, il en sort un violet de la plus belle énergie. Le blanc, le jaune et le bleu superposés donnent un vert superbe, et l'on exalte bien plus ces diverses couleurs en posant sur le revers de la vitre une teinte générale qui les fait chanter en mode majeur.

Cette magie étincelante devait fatalement entraîner les verriers de ce temps à se servir de ces nouveaux avantages ; ils en abusèrent quelquefois pour le détail et les ornements des costumes, et ils en damassèrent les fonds derrière leurs personnages.

Le xve siècle offre cependant des verrières d'un vif intérêt : les principales sont au chœur de la cathédrale de Moulins, à celle de Clermont ; on en voit d'autres à la cathédrale de Chartres, à Notre-Dame de Bernay, à Notre-Dame de Saint-Lô ; quelques-unes aussi à l'ancienne cathédrale de Lisieux, aux cathédrales de Bayeux et de Coutances ; de même qu'aux églises de Caudebec et de Carentan, d'Aumale, de Beaumont-le-Roger et de Verneuil ; aussi à Saint-Jean d'Elbeuf.

Celles de Saint-Corentin et de Saint-Mathieu à Quimper sont des plus remarquables, et, parmi les plus beaux vitraux de l'époque, il est juste de citer celui de la chapelle de Jacques-Cœur, conservé à Saint-Etienne de Bourges. On y rencontre toute la saveur de cette naïveté grave, propre au talent des frères Van Dyck. Ils vous donnent, presque entière, la sensation de cet art traduisant si bien la ferme élégance des attitudes, ce goût rare des types et des ajustements, et, par-dessus tout, cette belle résonance du coloris.

Les architectes du xvie siècle, séduits par un idéal retournant aux grandes époques de la Grèce et de Rome, et entraînés par les travaux d'Alberti et de Brunelleschi, autant que par l'esprit de réforme qui fermentait partout, favorisèrent de toute la force de leur engouement l'infusion de l'art antique dans l'art moderne.

Le vitrail, comme on le pense bien, subit de notables changements dans son esprit religieux et dans l'interprétation des sentiments à exalter. La Divinité et son cortège sacré de saints et de patriarches furent relégués aux moindres places, et l'orgueilleux donateur, avec tous les accessoires de son luxe, y tint trop souvent la principale.

Remarquables par l'habileté des interprètes et la perfection de la technique, ce siècle s'éloigne trop de la pensée religieuse pour que nous poursuivions plus loin l'analyse de ses productions : elles relèvent plutôt du luxe intérieur et du faste d'une société à la recherche de tous les raffinements d'une vie somptueuse et nouvelle.

Au xviie siècle, l'art du vitrail est dans sa complète décadence ; si des verriers existent encore, aucun ne paraît se rappeler les règles toutes spéciales qui servent de bases à la peinture sur verre : ayant même perdu la recherche de l'élégance et les affinements de l'esprit chers aux artistes du siècle précédent, ils tombèrent dans la médiocrité et firent lourd croyant faire grand... Leurs personnages n'eurent plus que des attitudes enflées sous des draperies aux jets outrés. L'architecture, si élégante dans le passé, par son style svelte et d'une souplesse remarquable, les présente aux yeux étonnés sur des lignes obliques du plus disgracieux effet.

Les verres doubles, très riches en reflets colorés, furent alors maladroitement remplacés par l'intervention d'émaux que les verriers de l'époque croyaient susceptibles de donner toutes les notes de la gamme ancienne. Sans doute la fabrication du verre fut plus facile, mais l'éclat limpide du coloris qui faisait le charme de l'ancien vitrail en souffrit beaucoup, et les verres perdirent à cet usage une grande part de leur translucidité. On peut dire qu'en substance le xvii° siècle substitua l'émaillerie à la peinture sur verre.

Le vitrail, au xviii° siècle, disparut pour tomber dans la vitrerie s'exerçant aux combinaisons géométriques. Ce n'est qu'au milieu du xix° qu'il se remit un peu de ce complet affaissement. David régnait en maître et son talent ne se serait guère plié aux exigences toutes spéciales de la peinture sur verre. Chateaubriand lui-même, dans le *Génie du Christianisme*, reste muet sur ce bel art du vitrail, pourtant si religieux dans ses manifestations. Ni la naïve rudesse de ces artistes, ni la magie du grand jeu des lumières ne purent le tirer de son indifférence: la résurrection du vitrail devait encore attendre!

De Montalembert, Victor Hugo, de Caumont et le Père Didron, suivis de toute une légion de penseurs et de chercheurs passionnés, marquèrent sa première étape sur le chemin du retour. Sèvres y travailla de son côté, pas toujours dans un sens approprié à la peinture sur verre; mais de ces efforts et de ces recherches il est sorti quelques résultats heureux, que d'autres poursuivent à l'heure actuelle, suivant le but rationnel de l'art du vitrail.

Cette étude rétrospective nous a paru nécessaire avant d'aborder l'analyse détaillée des vitraux de Saint-Vincent de Paul et Sainte-Olive, cathédrale de Tunis.

N° 1. Au portail en entrant à droite, narthex, ou rez-de-chaussée des tours.[1]

Dans ce premier vitrail l'artiste nous montre saint Roch, le gentilhomme de Montpellier devenu pauvre afin de mieux affirmer sa foi. Il y figure dans le traditionnel costume du pèlerin: le chapeau à larges bords, la besace sur l'épaule et le bourdon dans sa main. Le chien, ce fidèle compagnon chargé de pourvoir à la nourriture de chaque jour, sert assez heureusement à compléter la composition du sujet. Cependant si l'on veut pénétrer dans l'ensemble de l'exécution et s'arrêter aux détails de la technique, il faut avouer que le résultat ne répond que faiblement à l'effort de l'artiste.

(1) Don de la famille Bevilacqua.

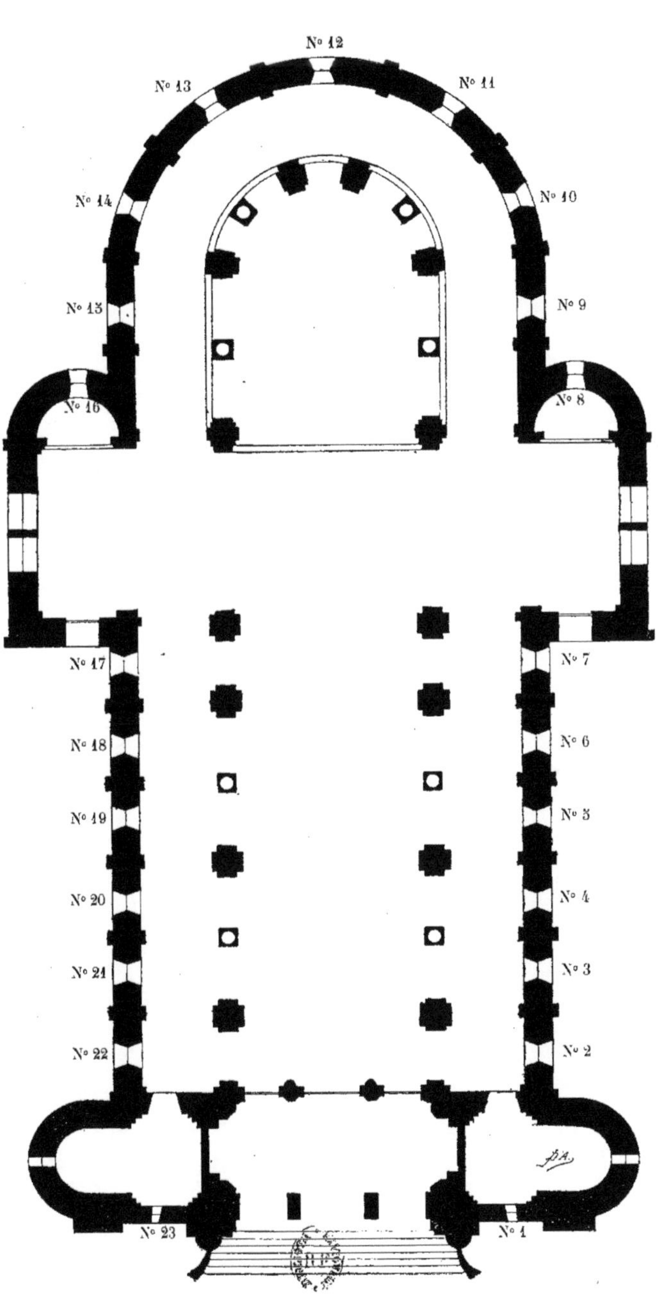

Nº 12
Nº 13
Nº 11
Nº 14
Nº 10
Nº 13
Nº 9
Nº 16
Nº 8
Nº 17
Nº 7
Nº 18
Nº 6
Nº 19
Nº 5
Nº 20
Nº 4
Nº 21
Nº 3
Nº 22
Nº 2
Nº 23
Nº 1

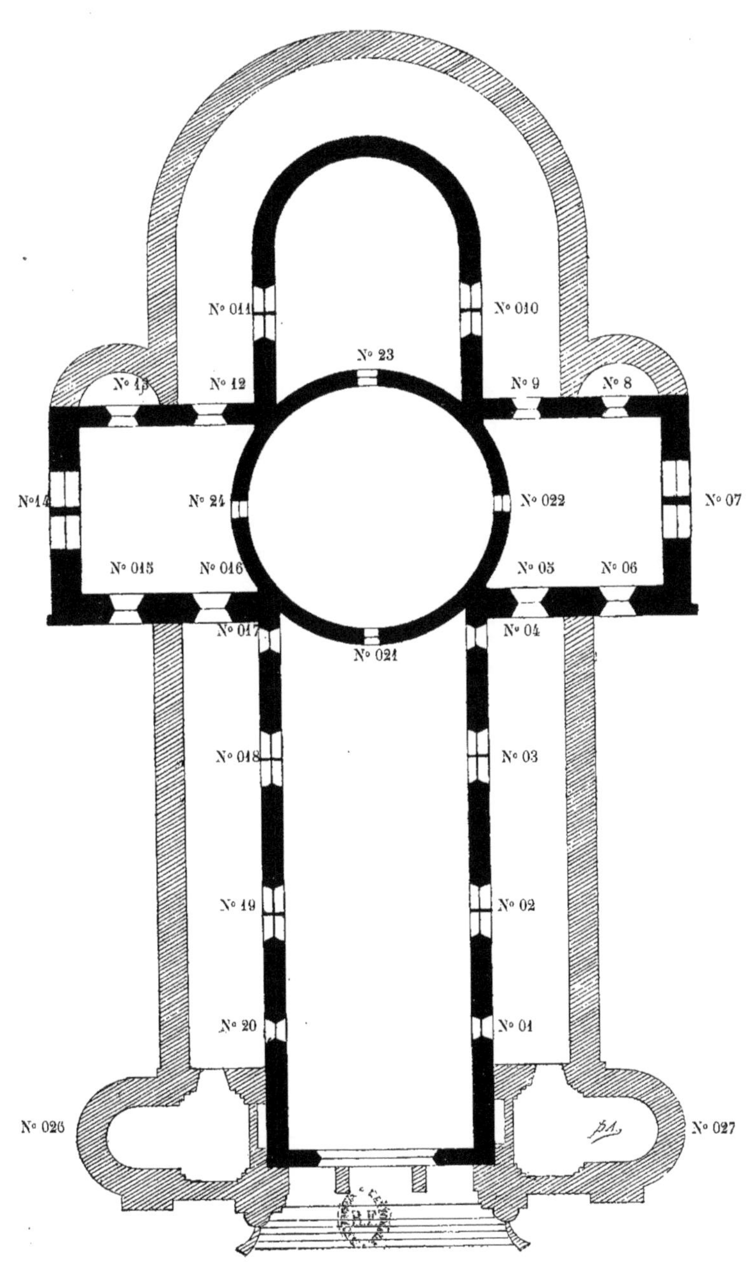

Nº 011
Nº 010
Nº 23
Nº 13
Nº 12
Nº 9
Nº 8
Nº 14
Nº 24
Nº 022
Nº 07
Nº 015
Nº 016
Nº 05
Nº 06
Nº 017
Nº 04
Nº 021
Nº 018
Nº 03
Nº 19
Nº 02
Nº 20
Nº 01
Nº 026
Nº 027

La silhouette du saint, qui se profile sur le ciel, manque de style, et la tonalité bleue du fond est froide et sans aucun éclat. Le vert de la pèlerine ne scintille pas assez lorsqu'un chaud rayon de soleil vient frapper en plein le vitrail : le ton reste cru et sans accent.

La robe de bure est plus heureusement traitée. Surtout dans les ombres, dont le modelé se dessine à l'aide de hachures laissant échapper le fond principal.

En somme, les verres manquent de limpidité et ne tamisent pas la lumière en tons harmonieux. Le dessin, trop poussé, n'a plus cette simplicité qui rappelle l'archaïsme nécessaire à la bonne interprétation de la peinture sur verre.

Nº 2. Nef de droite, à l'est. [1]

En sortant du narthex, le premier vitrail que l'on rencontre représente saint Léon le Grand, premier pape de ce nom, qui gouverna l'Église de 440 à 461.

Le grand Docteur chrétien a le front ceint d'une tiare à une seule couronne et le haut du corps revêtu d'une chasuble antique de drap d'or qui se détache assez mal du fond vineux pâle d'une draperie damassée.

De son bras gauche il presse sur sa poitrine un livre, sans doute les Décrétales du concile de Chalcédoine, et de la main droite élevée il semble bénir et enseigner les nations.

Ce vitrail, comme les quatre qui vont suivre, et les cinq qui leur font vis-à-vis dans la nef de gauche, sont encadrés de bordures et de motifs d'architecture surmontés de fleurons polychromes ayant la plus grande similitude entre eux.

Nº 3. Nef de droite, à l'est. [2]

La seconde baie est ici occupée par saint Fulgens, l'illustre évêque de Rusp, en Byzacène (508), l'une des plus grandes gloires chrétiennes de son temps, et si justement placé parmi les Pères de l'Église.

La draperie damassée du fond est traitée de la même manière que celle du précédent vitrail, mais, cependant, dans le ton plus chaud de l'ocre jaune. Le prélat est vêtu de ses habits pontificaux, les épaules recouvertes de la chasuble antique en soie rouge. De la main gauche il tient un phylactère, tandis que la droite s'appuie sur sa crosse.

(1) Don de M. l'abbé Hoquetis.
(2) Don de Mgr Jourdan de la Passardière.

Le dessin de la tête, légèrement inclinée et tournée à droite, sans être d'un grand caractère, traduit néanmoins assez heureusement la bienveillance.

N° 4. Nef de droite, à l'est. [1]

Sainte Monique. La mère de l'illustre évêque d'Hippone avait sa place marquée dans la basilique de Tunis. L'artiste s'efforce de nous donner l'impression qui doit se dégager de cette grande figure.

Sur un fond de tenture damassée rouge brun, se détache la sainte en costume de religieuse et le front ceint d'un bandeau d'étoffe blanche laissant tomber un large voile de la même couleur. Un lourd manteau de bure noire, assez bien rendu, descend des épaules et recouvre en partie la robe en laine également blanche.

La mère de saint Augustin, les mains jointes, relève par un heureux mouvement les plis épais de sa robe de bure, tandis que la tête, doucement penchée à gauche dans une inclinaison méditative, accompagne un long et triste regard tourné vers la terre et comme perdu dans une pensée prête à se retourner vers le ciel.

Il serait téméraire de décider que ce costume est réellement celui que devait porter la noble patricienne. L'artiste s'en est servi pour mieux accompagner l'attitude qu'il voulait donner à son personnage et en faire le symbolisme de la vie religieuse que choisissaient les veuves chrétiennes aux premiers temps de l'Église.

Dans ce bon vitrail, bien dans le style, l'harmonie colorée est très heureusement graduée dans ses complémentaires et assez juste dans ses oppositions de tons, et ce n'est pas aller trop loin que de le considérer comme l'un des meilleurs dans l'ensemble.

N° 5. Nef à droite, à l'est. [2]

Le maître verrier nous met ici en présence du grand thaumaturge saint Nicolas, l'évêque de Myre.

Le personnage se dégage de même sur une tenture damassée d'une tonalité uniforme jaune de Naples. La robe, d'un violet sans accent, est recouverte d'une tunique de coloration verte à large bordure d'or, que surmonte une chasuble antique rouge vif sur laquelle se dessine le pallium.

Le saint évêque se dresse au milieu du vitrail dans toute la pompe de ses habits sacerdotaux ; il s'appuie de la main gauche sur sa

(1) Don des Dames de Charité de Tunis.
(2) Don de M. l'abbé Mauro.

crosse épiscopale, tandis que sur son bras droit repose un livre surmonté de trois pommes.

A la gauche du spectateur, aux pieds du thaumaturge, sortant à moitié corps d'un saloir, se voient deux des trois enfants mis à mort par leur cruel hôtelier et dont une pieuse légende attribue la résurrection au saint évêque.

La manière est ici trop évidente, et la pensée n'est ramenée par rien aux temps primitifs.

N° 6. Nef de droite, à l'est. [1]

Saint Paul, l'apôtre des Gentils, se détache dans son vitrail sur un fond gris-bleu acier assez lumineux sous l'action directe du soleil, mais qui devient terne à la simple lueur du jour.

Placé de face et regardant à gauche, le saint s'appuie sur un long glaive tandis que de sa main droite se déroule un phylactère où se lit : *Baptisa sumus in Christo Jesu. Rom. VI. 34.* L'apôtre est vêtu d'une toge vert clair en partie recouverte d'un paludamentum d'une étoffe rouge brun.

Il n'est rien dans cette composition qui sorte du type conventionnel et qui puisse attirer le regard.

N° 7. Nef de droite, à l'est. [2]

Cette baie est fermée par un vitrail dont les deux tiers sont occupés par des fleurons polychromes.

Au centre a été placée l'*Adoration des Mages*, dont la scène est ainsi disposée : Sous un auvent de chaume se tient la Vierge Mère drapée dans un manteau d'un bleu assez froid. La Mère du Divin Rédempteur est assise à droite et présente le Messie aux Mages venus de l'Orient pour l'adorer. Son visage trop jeune n'est pas assez pénétré de la grande mission qui lui est donnée, et la simplicité divine de cette page de l'histoire sainte n'est pas rendue avec toute la pénétrante saveur que savaient y mettre les verriers des xiie et xiiie siècles.

Le second plan est occupé par saint Joseph, les mains jointes et dans une attitude qui s'efforce d'être contemplative, sans y réussir toutefois. Les traits de son visage, beaucoup trop accentués, le montrent plus âgé que ne le font les Saintes Écritures et la tradition. L'on y voit l'un des Mages prosterné sous une chape de drap d'or et l'autre debout dont les épaules soutiennent un manteau de pourpre bordé d'hermine.

(1) Don de M. l'abbé Xerri.
(2) Don de M. l'abbé Bombard.

Ce groupe manque de couleur locale ; car les profils aux carnations claires des personnages, comme leurs cheveux et leurs barbes d'un blond ardent fortement argenté, font beaucoup trop penser à la palette des peintres italiens du xv⁵ siècle. Le troisième personnage, d'un noir incontestable, est bien plus près du type malais qu'il ne se rapproche de celui d'un fils d'Ismaël ou d'un descendant de Cham.

N° 8. Transept à droite. Chapelle dans l'absidiole, au nord-est. [1]

Cette petite baie est occupée par une verrière portant une croix rouge entourée de fleurons polychromes peints dans la gamme des tons jaunes dorés.

Cette décoration, fort mal éclairée, est d'un dessin gracieux ; malheureusement, elle ne donne pas, sous le jeu de la lumière, tout ce qu'elle devrait rendre en notes tamisées. La cause de cette défectuosité revient tout entière au voisinage beaucoup trop rapproché des constructions qui entourent malencontreusement la cathédrale.

N° 9. Abside à droite. [2]

L'artiste lyonnais qui a exécuté ce vitrail y a dessiné la belle figure de saint Clément, né vers l'an 30 de Notre Seigneur et l'un des successeurs immédiats de saint Pierre.

Sur un fond violet terne, le pontife se profile assez mal, et sa robe, d'un blanc gris sans le moindre éclat ni transparence, ne relève guère la froideur générale de cette peinture sur verre.

Des épaules du saint tombe une chape de drap d'or doublé en vert clair. Une tiare ceint son auguste front, et la croix à triple traverse s'appuie sur sa poitrine ; du bras gauche il retient un livre et sa main droite porte une palme verte.

De quelque bonne volonté que l'on soit, il est bien difficile de ne pas faire plusieurs réserves sur la façon dont l'artiste a interprété l'un des plus grands parmi les successeurs de Pierre, le premier des apôtres et des papes.

N° 10. Abside à droite. [3]

Ce vitrail, sans aucun intérêt, sort du même atelier que le précédent. Sur un fond terne que la lumière de notre beau soleil africain n'arrive pas à égayer, saint Antoine, la tête légèrement inclinée à droite, se tient de face et debout.

(1) Don de M. l'abbé Bombard.
(2) Don de M⁶ʳ Combes.
(3) Don de M⁶ʳ Gazaniol.

Le corps, revêtu d'une robe de couleur blanche, laisse tomber des épaules un lourd manteau de bure orné à gauche d'une croix rouge. Sa main droite se soutient d'une sorte de bourdon ; de la gauche le saint serre un livre de prières.

On ne sait, devant cette peinture, si l'artiste s'est proposé de nous montrer saint Antoine le Grand, le fondateur du monachisme, né à Coma vers 250. Ce n'est évidemment pas saint Antoine de Padoue, né à Lisbonne en 1195, et qui mourut dans sa trente-cinquième année.

Le personnage du vitrail de notre cathédrale touche à la vieillesse ; pourquoi alors ce costume se rapprochant des fils de saint Dominique, et cette croix rouge portée plus tard par les chevaliers de San Iago ?

En art, on accepte volontiers quelques anachronismes lorsqu'ils sont rachetés par la magie de la couleur ou une harmonieuse entente de la technique. Dans une œuvre simplement honnête, la vérité historique doit être avant toute chose respectée, et il est toujours imprudent de s'éloigner de la vraisemblance.

Au-dessous de la composition le peintre a dessiné les armes du donateur, alors évêque *in partibus,* puis évêque d'Hippone. On y voit autour du chapeau timbrant cet écu des pendants à quatre houppes, alors que seuls les archevêques peuvent y prétendre. Les évêques n'ont droit, en science héraldique, qu'aux trois houppes réglementaires.

N° 11. Abside à droite. [1]

M. Bessac a su composer dans ce vitrail, où il avait à représenter sainte Félicité, une tonalité générale bien autrement vibrante que celle des deux peintures analysées plus haut.

Du sommet orné de fleurons polychromes part un fond grisaille heureusement traversé par une tenture damassée rouge vif et frangée d'or. La tête nimbée de la sainte se détache harmonieusement sur le gris atténué du fond, tandis que la draperie rouge met en valeur le corps enveloppé d'une tunique blanche recouverte par un manteau rouge brun, tombant en plis dessinés avec une grande souplesse et tout à fait dans le style.

Sur le bras droit de la vierge, pudiquement ramené vers la poitrine, reposent deux palmes vertes, et sa main gauche serre le glaive qui vient de la frapper.

[1] Don de M. Saurin.

Nᵒ 12. Au sommet de l'abside. [1]

La Vision de sainte Perpétue.

Quiconque veut suivre et connaître la vie et la mort de Vibia Perpetua doit en appeler à l'ouvrage de M. l'abbé A. Pillet. [2] L'auteur, pour plus de sûreté, a largement puisé aux sources indiscutables, [3] aux *Acta sincera martyrum* de don Ruinar.

Pour plus de clarté, et aller plus vite au but, il est plus simple de donner ici l'abrégé des trois visions de la sainte.

Perpetua dans la première, sous la conduite de Satur, monte une échelle touchant d'un côté à la terre et de l'autre aux cieux. Le premier degré est la tête d'un dragon et le dernier la met, en un lieu de délices, en présence du divin Pasteur, qui lui offre du lait des brebis qu'il vient de traire. [4]

De la deuxième vision, où fut favorisé Satur, [5] l'artiste semble peut-être avoir voulu tirer la composition de son vitrail ; nous avons toutefois quelque peine à l'y reconnaître.

Dans la troisième vision, la seconde de Perpetua, la *Vie des Saints* nous la montre dépouillée de tous ses vêtements, puis jetée nue dans l'amphithéâtre, où elle eut à lutter contre un Égyptien hideux, image du démon, qu'elle terrasse enfin, et reçoit pour prix de sa victoire le rameau vert aux fruits d'or. [6]

Il faut bien le dire, rien dans la scène gracieuse peinte dans le vitrail qui nous occupe ne traduit l'une des trois visions qui viennent d'être sommairement décrites.

Enveloppée d'un nimbe d'or, une vierge ravie en pleine extase est enlevée dans l'azur des cieux, entre deux séraphins. Celui de droite, dans un geste rempli de caresses, lui offre une palme, tandis qu'à gauche le second semble soutenir les nues qui la portent. Un ange placé à sa gauche tient une tige de lis, alors que son compagnon, déployant des ailes aux reflets de flammes, dénoue au-dessous de la vierge un voile d'où s'échappent, pour retomber sur la terre, des fleurs aux couleurs les plus fraîches, amoureusement peintes par un pinceau maître de tous ses moyens.

Pourquoi faut-il que ce joli morceau, sorti en pleine harmonie d'un atelier où les traditions de la peinture sur verre sont si habilement

(1) Don de M. Jacques.
(2) Paris. L. LEFORT, in-8ᵒ de 470 p.
(3) ED. LE BLANT, *Mém. de l'Ac. des Insc. et B. L.*, t. XXIX, IIᵉ partie.
(4) A. PILLET, p. 191.
(5) Id., p. 274.
(6) Id., p. 307.

pratiquées, soit masqué par un mur qui le sépare du maître-autel qu'il devrait éclairer de tous ses rayons lumineux, si heureusement colorés ?

N° 13. Abside à gauche.[1]

Jeanne d'Arc, notre vierge lorraine, la Grande Française que le saint pontife Léon XIII vient de placer sur nos autels, est le sujet de ce vitrail, don d'un patriote de Nancy.

L'héroïne, tête nue, tient un pennon semé de fleurs de lis, et son casque, traité comme attribut, est à ses pieds.

La noble et chaste guerrière porte une riche armure d'où s'échappe une courte jupe fleurdelisée.

De ce sujet, où la simplicité et la grandeur devaient sortir, l'artiste de talent que nous connaissons n'a pas tiré tous les effets que nous pouvions en attendre.

Le peintre a fait de l'Inspirée de Domremy, de la libératrice du royaume de France, une jeune fille sans caractère déterminé, bien éloignée de ce que conçoit du personnage l'homme de foi et d'espérance.

Il est fâcheux que notre maître-verrier ne se soit pas pénétré en cette occasion du beau poème de Southey, d'une conception si simple et si noble tout à la fois ! Il aurait eu encore bénéfice à lire la tragédie de Schiller, qui a enthousiasmé les foules en son temps, et à en appeler aussi à *l'Epopée* d'Alexandre Soumet.

Paul Delaroche, Eugène Deveria, Ingres, Bastien Lepage, parmi les peintres ; Gois à Orléans ; la princesse Marie d'Orléans, au Louvre ; Rude, au Luxembourg ; Foyatier, à Orléans ; Chapu, au Luxembourg ; Fremiet, sur la place des Pyramides, et Albert Lefeuvre, parmi les sculpteurs, ont interprété tour à tour cette rayonnante figure. Aucun, au dire des fervents admirateurs de Jeanne, n'a su lui donner la physionomie qui lui revient.

Malheureusement, devant ce vitrail le cœur et l'imagination restent froids, et l'accent particulier que l'on y voudrait trouver n'apparaît nulle part.

N° 14. Abside à gauche.[2]

Saint Jean, dans ce vitrail, fait pendant à saint Antoine.

Sous des draperies vertes et rouges, sans tonalités vibrantes, le disciple bien-aimé disparaît en fluidités sans aucune valeur colo-

(1) Don du Dr Liégey.
(2) Don de Mgr Tournier.

rante. C'est en vain que l'œil cherche une anatomie sur laquelle il puisse s'appuyer.

Resserré dans un raccourci mal étudié, le saint paraît écrasé dans un cadre trop petit pour sa taille.

N° 15. Abside à gauche.[1]

Saint Charles Borromée, de ce côté, est mis en pendant avec saint Clément.

Sous la pourpre romaine, le grand archevêque de Milan marche tenant entre ses mains une modeste croix de bois. De son cou jusqu'à ses pieds descend une lourde corde, souvenir des mortifications sans nombre que s'imposait ce prélat pour apaiser la colère divine durant la terrible peste qui ravagea sa ville épiscopale en 1576.

Ce vitrail n'a pas été conçu ni exécuté selon les traditions impérieuses de la peinture sur verre : c'est un travail d'ouvrier où l'on sent la main, mais non pas l'idée créatrice.

N° 16. Transept à gauche, chapelle dans l'absidiole au nord-ouest.[2]

Cette baie répète la verrière déjà décrite pour l'absidiole au nord-est.

Mieux éclairée au coucher du soleil, la croix rouge portée par les fleurons polychromes donne des effets assez heureux, et l'ensemble de la verrière tamise harmonieusement la lumière en nuances nacrées.

N° 17. Nef latérale, à gauche.[3]

La Sainte Famille occupe en tierce partie dans cette baie le centre d'une verrière fleuronnée.

La Vierge-Marie nimbée, assise vers la droite, tient à la main une quenouille ; elle est revêtue d'une tunique rouge recouverte sur les côtés d'un manteau bleu. A certaines heures du jour la lumière, en traversant ces verres colorés, leur fait chanter quelques notes finement nuancées ; malheureusement, là comme ailleurs, toutes ces compositions translucides sont éclairées à contre-jour.[4]

N° 18. Nef latérale, à gauche.[5]

Simon-Pierre, ou Cephas, comme l'appela Notre-Seigneur en le

(1) Don du cardinal Lavigerie.
(2) Don de M. l'abbé Bombard.
(3) Don de la famille Ville.
(4) Cette composition est sortie du même atelier de Lyon que les n° 7, 9, 10, 14 et 15.
(5) Don de M. l'abbé Chatelain.

nommant le chef de son Église, fait à cette place vis-à-vis au grand saint Paul, l'apôtre des Gentils.

Le saint, vêtu d'une tunique rouge qu'enveloppe un large manteau bleu, est peint sur une draperie damassée, de tonalité gris acier.

On ne peut que regretter ici que l'artiste ne se soit pas assez rappelé la célèbre médaille du Vatican, qui n'a certainement pas été inconnue à l'auteur de l'incomparable et vénérée statue en bronze du Prince des Apôtres, offerte à l'admiration des fidèles dans la basilique vaticane.

Pierre tient dans sa main gauche les clefs, emblème de son double pouvoir, tandis que de la droite il absout en conformité des paroles du Maître : *Ce que vous aurez délié en ce monde sera délié au ciel, et ce que vous aurez lié en ce monde le sera également dans l'autre.*

N° 19. Nef latérale, à gauche. [1]

Le grand Docteur de l'Église d'Afrique se détache, dans ce vitrail, sur un fond analogue au précédent.

Saint Augustin est de face, la mitre sur la tête. Il est vêtu d'une robe violette sur laquelle retombe une tunique d'étoffe rouge frangée d'or.

Une chasuble antique tissée en or recouvre le tout; de son cou pend le pallium tombant sur sa poitrine.

Le saint évêque, les bras élevés, semble enseigner aux foules, et de sa main droite se déroule un phylactère.

Dans ce vitrail, comme du reste dans tous ceux qui figurent dans la cathédrale de Tunis, l'artiste ne semble avoir cherché que la réalisation du tableau de genre, tant à la mode aujourd'hui ; aucun des nombreux sujets tirés de l'histoire religieuse et interprétés aux baies de notre basilique ne l'a été autrement; ils sont tous traités en dehors des traditions propres à la peinture translucide. Presque tous sont rendus avec des procédés empruntés à la peinture plane.

C'est à cela que l'on peut attribuer en grande partie la froideur surprenante qui se dégage d'un ensemble où les couleurs vibrantes devraient jouer le principal rôle.

N° 20. Nef latérale, à gauche. [2]

Sur un fond répétant exactement celui du vitrail de sainte Monique, placé en face, M. Bessac a représenté sainte Anne enseignant la jeune Vierge-Marie.

[1] Don de M. l'abbé Pitz.
[2] Don de M. l'abbé Deoux.

La sainte est bien dessinée dans ses habits de convention drapés avec art, mais assez éloignés, croyons-nous, de ceux que portaient les femmes juives de l'époque.

L'attitude des deux personnages est juste et les laisse en parfait équilibre dans l'ensemble. De sa main gauche, doucement posée sur l'épaule de l'enfant, sa mère l'attire plus près d'elle, tandis que la main droite paraît enseigner.

Les yeux maternels de la sainte se reposent avec une complaisance amoureuse sur la jeune vierge recueillie et attentive devant le volume dont les feuillets se tournent sous ses doigts effilés.

Ce vitrail, bien rendu dans ses notes colorées, laisse deviner tout ce qu'est capable de faire cet artiste lorsqu'il peut mettre en jeu toute la plénitude de son talent.

N° 21. Nef latérale, à gauche. [1]

En face de saint Fulgens, nous retrouvons dans cette baie saint Eugène, traité par l'artiste d'une façon identique.

Ce grand évêque figure dans la cathédrale de Tunis au double titre d'évêque de Carthage et de saint français.

En effet, d'après Victor de Vite, il fut élevé au siège de Carthage vers l'an 479, puis exilé trois ans plus tard par Huneric, et rappelé ensuite par Gontamond (497), comme l'apprend Prosper le Conscrit, pour reprendre quelque temps après le chemin de l'exil sous Thrasimond.

La chronique de Victor de Tonnone le fait mourir vers 505, au monastère de Viance, près d'Albi, où sont vénérées ses reliques.

Le saint, dans ce vitrail, nous est montré revêtu de ses habits sacerdotaux ; appuyé de la main gauche sur sa crosse, il bénit de la droite le peuple assemblé.

N° 22. Nef à gauche. [2]

Ce dernier vitrail, le premier à gauche à l'entrée de la cathédrale, a comme fond une tenture damassée entourée de fleurons et de motifs d'architecture en tout semblables aux quatre qui ont été décrits plus haut. Dans l'encadrement on lit : *Sanctus Benedictus.*

On ne sait si l'on a devant soi le solitaire de Subiaco, l'abbé du Mont-Cassin et le fondateur de l'ordre (480-553), ou bien le grand

(1) Don de M. l'abbé Bonello.
(2) Don de M. l'abbé Forconi.

saint français du même nom, fils du comte de Maguelonne et le réformateur de l'ordre (751-821).

Revêtu du costume noir de l'ordre, le saint abbé retient sur son bras gauche la maquette d'une abbaye et s'appuie de la main droite sur sa crosse abbatiale.

N° 23. Portail. Narthex. Fonts baptismaux. [1]

Au milieu d'un motif d'architecture où se déroule un paysage, saint Joseph se tient debout et de face; sa main droite serre une tige de lis fleuris; sur son bras gauche est assis l'Enfant-Jésus.

Sous un ciel bleu foncé se détache la tête nimbée du patriarche, dont le corps est revêtu d'une longue tunique violette coupée par un riche manteau vert mordoré.

Le divin Enfant repose sur le bras de saint Joseph, la tête entourée d'un nimbe crucifère; sur ses genoux recouverts d'un vêtement rouge repose le globe du monde, et sa petite main droite se lève pour enseigner saint Jean, qui le regarde.

Le Précurseur, vêtu d'une simple toison, est debout à la droite du saint; dans sa main se dresse une petite croix entourée d'une banderole.

Ce vitrail a le grand tort de répéter, dans leur banalité, une foule d'images de piété destinées au commerce.

N° 01. Au-dessus de la galerie en relief tenant lieu de triforium, à droite.

Grande verrière. [2]

Le vert et le bleu jouent dans la bordure de cette verrière le principal rôle, mais dans une harmonie un peu terne et sans transparence agréable aux yeux sous la crudité de la pleine lumière.

Le panneau se compose de cinq rectangles lisérés de rouge et de bleu superposés dans leurs angles. Le motif de l'ornementation se forme de quatre cercles juxtaposés ornés de palmettes. La tonalité couleur de chair de cet ensemble est sans aucune chaleur.

Les triangles laissés entre ces quadrilatères et la bordure sont de même ornés de palmettes où le ton vert émeraude domine.

Éclairée à de certaines heures, dans les journées où la lumière est pleine de fondus, cette verrière s'anime et jette dans le vaisseau de notre église des reflets d'un jeu assez adouci.

(1) Don de la famille Solanet.
(2) Don de M Piat, ingénieur.

N° 02. Au-dessus de la galerie, à droite.[1]

Saint Jean de Matha, fondateur des Trinitaires, rachetant des Provençaux captifs à Tunis.

Ce grand vitrail garnit deux baies géminées placées en pleine lumière.

Au premier plan, à gauche du spectateur, le saint debout et accompagné de l'un de ses religieux s'adresse à un chef musulman, près duquel sont entassés des sacs d'argent; d'un geste grave il lui montre la justesse des pesées faites sur une balance qu'un Maure agenouillé à ses pieds tient suspendue.

A sa gauche, mais un peu en retrait, une jeune femme pousse, avec un heureux mouvement, ses trois enfants vers leur sauveur. D'autres captifs escortés par des hommes en armes se pressent derrière elle et forment un groupe traité dans un bon style.

Cette scène touchante, très bien interprétée par un pinceau maître de ses moyens, produirait un grand effet si les bleus des fonds ne venaient pas la refroidir par leurs dégradations peu harmonieuses.

Le peintre verrier ne s'est pas assez souvenu ici de cette loi générale qu'un coloriste ne doit jamais oublier : que pour obtenir d'un ton toute la valeur qu'il a à exprimer, il ne faut le présenter à l'œil que par parcelles ou échappées.

C'est surtout dans l'emploi des bleus que cette loi s'impose; s'en éloigner fait perdre aux verres de cette couleur la finesse et la transparence, en donnant à la coloration générale une tonalité froide et laqueuse assez désagréable aux yeux.

Aux arrière-plans, fuient dans le lointain les galeries d'un palais profilant ses lignes sur les eaux ternes d'un lac où Tunis, dans sa blancheur empourprée par le soleil couchant, dresse ses murs aux lignes uniformes comme ses paysages.

Le tympan de cet important vitrail est orné de fleurons et de motifs architecturaux à la façon de ceux qu'affectionnait Pierre le Pot. Sa base repose sur une muraille percée d'archères et ajourée de deux cintres trilobés où brille, sur un fond de gueules, un semis de fleurs de lis d'or rappelant l'Ecu de France aux temps de Philippe-Auguste.

Devant ce capital morceau de verres colorés, il est impossible de ne pas reconnaître le talent réel de celui qui en a fait un véritable tableau d'histoire. Toutefois, on regrette malgré soi que le peintre

_____

(1) Don de la famille Savon.

verrier ne se soit pas assez pénétré que dans l'art du vitrail l'artiste ne peut à sa volonté soumettre le rayonnement des couleurs à une mesure déterminée. Tout se borne pour lui à savoir habilement se servir d'une donnée harmonique, se jouant sur un seul plan, sans aucun effet de perspective aérienne.

N° 03. Au-dessus de la galerie, à droite.[1]

Le Débarquement de saint Louis à Carthage.

Dans ce vitrail comme dans le précédent, le sujet occupe une double baie géminée.

Les compagnons du roi chevalier, dans une masse sans confusion et d'un beau dessin, occupent tout le côté gauche du premier plan. Sous leurs lourds harnois de guerre que recouvre en partie la tunique blanche, court un souffle religieux que l'artiste a largement interprété.

Placé en face de ses preux fidèles, le fils de Blanche de Castille dresse sur le bleu saphir des flots sa royale stature ; une de ses mains tient son pennon fleurdelisé et l'autre s'appuie sur son bouclier.

Le roi très chrétien, bien posé dans une noble attitude, solide dans sa foi, donne à la pensée qui cherche les causes le sentiment qu'elle a devant elle une forte conviction que les plus grands malheurs ne sauraient ébranler.

Avec une grande habileté, l'artiste a su établir un contraste des plus pénétrants entre les figures tourmentées et les attitudes interrogatives des barons et le visage du Grand Croisé portant l'empreinte de la pieuse et calme émotion du croyant soumis aux décrets de la Divinité.

Dire que ce beau vitrail rappelle en tous points dans leur saveur toute archaïque les œuvres des inimitables verriers des XIIe et XIIIe siècles serait méconnaître la vérité. Quoi qu'il en soit, la lumière de nos journées sans brumes fait moduler à ces verres assemblés des gammes pleines de couleur et d'une harmonie non sans quelque saveur bien particulière.

L'heureux emploi que le peintre a fait de ce bleu limpide, nuancé de vert, qui chante aussi lumineusement que certains ciels d'automne, donne à ce vitrail un rayonnement qui le distingue entre tous les autres.

Il est seulement fâcheux que le modelé appliqué dans les parties les plus ombrées du sujet efface presque complètement le ton local

(1) Don de l'Office postal de Tunisie.

et fasse trou à plusieurs endroits, car une ombre qui couvre un verre coloré donne, à distance, un ton opaque qui ne participe plus de la couleur de ce verre et produit des heurts qui détruisent l'harmonie qui doit jouer dans l'ensemble.

N° 04. Au-dessus de la galerie, à droite.[1]

Saint Jean de la Salle, dans le costume qu'il donna à son Institut, est ici debout et de face. Sa main droite tient une feuille où sont tracés les caractères de l'écriture ; de la gauche il attire et retient à son côté un jeune garçon très attentif aux enseignements du Maître, dont les traits respirent la plus grande bonté.

Une tenture damassée dans les jaunes verdâtres fait le fond de ce vitrail, que le verrier a couronné d'un tympan aux tons rouge vif d'où se dégage une sorte de temple en style roman.

N° 05. Dans le transept, au-dessus de la nef de droite, au sud-est.

Grande verrière composée de fleurons de formes les plus diverses, où les rouges et les verts se mêlent à des bleus et à des jaunes très variés.

Malgré les tons un peu crus de cette verrière, elle n'en joue pas moins, sous les rayons du soleil, une harmonie qui n'est pas sans avoir quelques accents d'une belle coloration.

Il est certain que de cette mosaïque translucide devraient jaillir des reflets flamboyants s'irisant en longues traînées lumineuses, seules capables de chasser cette froideur glaciale qui prend aux épaules quiconque entre dans la cathédrale.

Ce malencontreux effet doit venir, en grande partie, de la trop parfaite régularité des verres modernes, maintenant colorés seulement à la surface, mais non dans la masse comme on le faisait autrefois.

Si le verre moderne, obtenu au moyen d'une doublure colorée très mince, donne de près une intensité plus puissante et une coloration plus égale, par contre, il est bien loin d'avoir, à distance, le lumineux et la finesse des verres dont la couleur est fondue dans la masse. Ces verres dits à boudins rendent des dégradations de tons d'un aspect chatoyant dont la distance augmente, dans une large mesure, l'intensité des tons.

N° 06. Transept.[2]

Le Martyre de saint Étienne, à la droite de la précédente verrière.

[1] Don des écoles chrétiennes de Tunis.
[2] Don de la famille Bugeia.

Le sujet est placé au centre du vitrail dont le fond est d'une tonalité vert d'eau. Une élégante bordure, où dominent plusieurs nuances de bleus et de jaunes, entoure un cadre richement rehaussé de brillantes couleurs.

C'est dans ce milieu coloré que se déroule la scène si émouvante du premier martyre. Le saint diacre, à genoux, la tête renversée en arrière, étend les bras vers le Ciel dont, il implore l'assistance, sous les coups d'une horde féroce qui cherche à l'écraser sous le jet continu de lourdes pierres.

Le second plan est occupé par des docteurs de la loi et par quelques Pharisiens suivis d'un peuple tumultueux. Dans le lointain se profilent les murailles de Sion, empourprées des dernières lueurs d'un soleil couchant qui font penser à l'incendie que la cruelle Rome va bientôt y faire allumer.

La tonalité trop claire de l'entourage nuit certainement à l'effet d'ensemble de ce bon vitrail.

N° 07. Transept, façade à l'est.

Cette large baie, à triple ouverture, est surmontée d'une grande rosace à dix médaillons. Une simple verrière en verres blancs occupe cette vaste surface, au sujet de laquelle rien encore n'a été décidé.

N° 08. Dans le transept de droite, au-dessus de l'absidiole.
Saint Yves.

D'un fond gris acier entouré de motifs d'architecture et de fleurons polychromes se détache un prélat revêtu de ses habits pontificaux ; sa tête est ceinte de la mitre épiscopale et le pallium descend sur sa poitrine ; sa crosse s'appuie dans le pli de son bras replié.

Dans sa main gauche est un livre ouvert où la plume que tient sa main droite a tracé : *Réforme des Chanoines*.

La légende du bas porte : *Sanctus Yvus*, et au-dessous : *Don du Barreau de Tunis*.

Quel est ce saint Yves représenté dans ce vitrail ? L'Angleterre en possède un et Paris un autre qui doivent être écartés. Il se pourrait bien que ce fût celui du Beauvaisis, né vers 1040, et qui dirigea non sans éclat, à Beauvais, l'abbaye des chanoines réguliers de Saint-Quantin, pour être promu ensuite à l'épiscopat de Chartres, en 1091.

Mais ce grand évêque, protecteur éclairé des Lettres, ne touche au barreau qu'à l'aide d'une parenté des plus discutables, et l'artiste s'est trompé en le choisissant pour cette occasion.

Le saint choisi par le corps des avocats est saint Yves, né au château de Ker-Martin, près de Tréguier, en 1253, et mort en 1303. Son père
fut le chevalier Tanoir et sa mère Azo du Qenquis (du Plessis) ; il fut
successivement abbé de Trédren, puis de Lohanec et ensuite official.
De son vivant, sa charité l'avait déjà fait appeler l'*avocat des pauvres*.
Il mourut simple prêtre.

D'après la *Biographie universelle*, t. XLI, p. 548-551, son costume
consistait dans une épitoge de bure, une robe à grandes manches,
sans boutons, et un simple chapeau; le tout en étoffe grossière de
couleur blanche. De gros souliers, semblables à ceux que portaient
les Cisterciens, complétaient ce rude habit.

C'est du reste le saint populaire de la Bretagne, pour lequel fut
écrit :

> *Sanctus Yvo,*
> *Natus Britto,*
> *Odvocatus sed non latro,*
> *Res miranda populo.*

N° 09. Dans le transept, à droite, au-dessus de l'entrée de l'abside.[1]

La Sainte-Vierge, dans cette baie, se dessine sur un fond de tenture damassée d'un ton uniforme gris fer. Une large bordure rouge
piquée de lis blancs au feuillage vert clair entoure le vitrail.

La Vierge-Mère est debout dans ce cadre, placée de face, et drapée
dans une longue robe rose pâle recouverte en partie par un manteau bleu. Assis sur le bras de Marie, l'Enfant Jésus bénit le monde
de sa petite main levée.

Cette peinture sur verre serait plus heureuse dans ses effets si la
tonalité des chairs avait moins été poussée au foncé.

N° 010. A la voûte de l'abside, à l'est.

Doubles baies conjuguées.

La composition de cette verrière paraît assez diffuse : des fleurons
en forme de vases, où le bleu, le rouge, le vert et le jaune jouent la
partie principale. Ces attributs se terminent vers le haut en gerbes
dorées finissant en grisailles. Cette disposition entoure dans l'un des
compartiments un calice et dans l'autre un ostensoir.

L'effet décoratif de cette verrière est sans éclat.

N° 011. A la voûte de l'abside, à l'ouest.

Doubles baies conjuguées.

[1] Don de M' Bodoy, avocat.

Cette verrière est le pendant et la répétition de la précédente, avec cette différence que le calice et l'ostensoir sont remplacés d'un côté par une croix portant la couronne d'épines et de l'autre par le voile de sainte Véronique.

N° 012. Transept à gauche, au-dessus de l'entrée de l'abside. [1]

Dans ce vitrail le peintre a interprété l'apparition du Sacré-Cœur.

Sur un fond semblable à celui sur lequel paraissent la vierge et l'Enfant-Jésus, dans un même encadrement de lis et sous le même tympan architectural, le Seigneur présente à l'adoration des fidèles son cœur divin, ce cœur brûlant d'amour, décidé à saigner pour le rachat de leurs âmes.

Le Divin Rédempteur est vêtu d'une tunique blanche recouverte d'un manteau écarlate bordé d'un large galon d'or. Le nimbe crucifère qui entoure la tête du Christ est d'or carminé; les cheveux, comme la barbe du Sauveur, sont d'un rouge ardent. Les plis bien tombants de la tunique, comme les ombres que le manteau y projette, sont d'une lumineuse harmonie.

Cette gamme rouge, voulue par l'artiste, prend ici le caractère d'un symbolisme destiné à montrer l'amour divin exhalant de toutes parts les flammes ardentes d'un foyer céleste, où brûle le divin cœur de Jésus.

N° 013. Dans le transept à gauche, au-dessus de l'absidiole. [2]

Ce vitral répète la disposition de celui qui montre saint Yves. La tenture damassée du fond est dans les tons jaunes; l'encadrement, composé de verres bleus sur bleu, alternant avec d'autres verres de couleur terre de Sienne. A sa base de grands fleurons, et au tympan, sur un fond rouge, un temple reposant sur des motifs d'architecture.

Saint Joseph, dans une longue robe violette, qu'un manteau couleur terre de Sienne brûlée recouvre en partie, s'avance vers la droite, relevant les plis de son manteau et tenant à la main une tige de lis fleurie.

N° 014. Transept, face à l'ouest.

Au fond du transept, à gauche, grande baie à triple ouverture faisant pendant au n° 07 et également garnie de verres blancs.

N° 015. Dans le transept, à gauche, au-dessus de la porte d'entrée. [3]

La remise du Saint-Rosaire fait le sujet de ce vitrail.

(1) Don de M° Gueydan, avocat.
(2) Don de M. Ramella.
(3) Don de la famille Garnier-Rousset.

Dans un cadre identique à celui du martyre de saint Étienne, la Vierge-Marie, entourée d'un grand nimbe ovale, tient sur son genou gauche l'Enfant-Jésus, qui, tourné à droite, remet un rosaire à saint Dominique.

En face du saint et à droite du spectateur, est sainte Catherine de Sienne, cette simple fille d'artisans dont le grand mérite et les hautes vertus exercèrent de son temps une si forte influence sur l'Église. Prosternée dans son costume de dominicaine, les mains croisées sur la poitrine, elle semble ravie et vivre dans l'extase.

N° 016. Dans le transept, au-dessus de la nef de gauche, au sud-ouest.[1]

Reproduction de la verrière déjà décrite au n° 05.

N° 017. Dans le transept, au-dessus de la galerie en relief, à l'ouest. Saint Bruno.[2]

Le peintre a dessiné, dans ce vitrail, l'illustre fondateur des Chartreux, qui donna à ses religieux la règle rigoureuse de saint Benoît.

Le fond sur lequel se profile le saint personnage, et les motifs qui l'encadrent, sont semblables à ceux du vitrail de saint Jean de la Salle, qui lui fait face.

Le fondateur de la Grande-Chartreuse, dans un costume de laine blanche, et les mains jointes, regarde devant lui dans l'attitude du recueillement et de la prière. Sa crosse abbatiale est retenue dans le pli de l'un de ses bras.

Il est de toute évidence que le caractère sévère de saint Bruno n'apparaît pas ici dans toute sa rigidité, mais il ne peut sérieusement venir à la pensée de demander à une peinture sur verre de reproduire l'impression du chef-d'œuvre que le ciseau de Houdon a sculpté à Rome, et qui faisait dire au pape Clément XIV : « *Il parlerait si sa règle ne le lui défendait.* »

Ce vitrail, néanmoins, si la lumière ne le dévorait pas à certaines heures du jour, ne serait pas sans mérites, car l'heureuse combinaison des couleurs devrait se tamiser plus sobrement qu'elle ne le peut faire à cette orientation.

N° 018. Au-dessus de la galerie en relief, à gauche ; à l'ouest.[3]

Saint Vincent de Paul présentant à Richelieu des négociants français esclaves à Tunis.

(1) Don de M. L. Tabone-Bartolo.
(2) Don des RR. PP. Chartreux.
(3) Don de la Résidence de France à Tunis.

Le grand apôtre de la charité chrétienne, dont la statue devrait se dresser partout où saignent les grandes douleurs, partout où souffrent les petits et les humbles, se tient debout dans sa noble simplicité en face de ce cardinal avec lequel comptaient les têtes couronnées.

Saint Vincent présente d'une main au terrible politique, qui a pris une si grande place dans notre histoire, le contrat signé avec le Bey de Tunis pour le rachat des captifs français.

Couvert de la pourpre romaine, et portant le collier du Saint-Esprit, Richelieu est assis auprès d'une table sur laquelle il appuie son bras droit. Le père Joseph, debout derrière lui, a les deux mains posées sur le dossier du fauteuil ; la tête expressive de ce vieillard à ·barbe blanche se penche avec intérêt vers le groupe formé par le saint et les prisonniers. Il semble suivre avec la plus grande attention les raisons que Vincent de Paul développe à l'homme d'État, qui reste seul impassible au milieu de cette belle scène de commisération.

Malgré cette apparente indifférence on sent que la cause des captifs est gagnée. Et, si l'Éminence rouge gardait quelqu'hésitation, l'Éminence grise ne tardera pas à les faire disparaître.

M. Bessac a fait de cette belle page du commencement de la suprématie des intérêts français et catholiques en Orient, un fort beau tableau ; et, si nous ne partageons pas les préférences de sa technique en matière de peinture sur verre, nous nous inclinons sans regrets devant les résultats qu'il en tire.

Tout, dans ce vitrail, est traité avec la scrupuleuse exactitude d'un hollandais. Architecture, décoration et attributs s'y trouvent en valeur et bien à leur plan. Les personnages, fort bien groupés, sont d'un style approprié au sujet, et la vérité historique n'a pas reçu la moindre égratignure.

On ne peut regretter qu'une chose devant ce tableau, qui s'impose quand même à quiconque le regarde avec quelque attention, c'est que si dans une peinture opaque l'artiste peut à sa volonté soumettre le rayonnement des couleurs à une mesure déterminée, à l'aide des demi-teintes, et par l'emploi d'ombres diverses d'intensité et de valeur selon les plans, il n'en est pas de même pour le rayonnement des couleurs translucides des vitraux ; là, le peintre ne peut guère modifier ; comme nous l'avons dit plus haut, tout son art se borne à savoir en profiter suivant une donnée harmonique se jouant sur un seul plan, et non pas suivant un effet de perspective aérienne.

M. Bessac a réalisé dans ce vitrail un véritable tour de force, en faisant entrer l'œil du spectateur dans toute une série de plans, et en l'obligeant à pénétrer toute une succession de solides.

Nᵒ 019. Au-dessus de la galerie à gauche ; à l'ouest. [1]

Rendez à César..... et à Dieu ce qui est à Dieu.

Dans une double baie géminée se dresse un palais de lourde architecture dont les colonnes coupent l'azur du ciel. Au premier plan, sous le portique, Jésus-Christ, dans une attitude un peu théâtrale, répond à un vieillard à l'allure cauteleuse qui l'interroge ainsi : « *Maître, doit-on, oui ou non, payer l'impôt à César ?* » et la sagesse divine de répondre : « *De qui sont cette effigie et cette inscription ? — De César. — Rendez donc à César ce qui est à César et à Dieu ce qui est à Dieu.* » Et ces orgueilleux, divisés entre eux, mais aspirant tous en secret à la confusion du fils de Dieu, restèrent confondus.

Au deuxième plan, derrière Jésus de Nazareth, appuyé au mur du temple, se dresse une table où un publicain reçoit l'impôt d'un fils de Jacob. Au même plan, mais un peu moins derrière le personnage qui interroge le Christ, un groupe d'hérodiens et de pharisiens occupe la baie de gauche. L'artiste, dans cette scène, a trop voulu marquer sur les visages de ces hommes de haine et d'envie l'empreinte de l'orgueil, de l'insolence et de la duplicité ; cette expression forcée donne de la dureté à l'ensemble.

La composition, en elle-même, ne sort pas du caractère d'un bon tableau exécuté par un peintre en pleine possession de son art. Mais c'est moins un vitrail qu'une peinture de genre destinée à être accrochée à un mur.

Ce vitrail manque de transparence et les ombres ternissent toute sa coloration ambiante. Les bleus qui jouent ici le principal rôle sont froids, d'une tonalité laqueuse et fausse à plusieurs endroits.

Lorsque le bleu n'est pas judicieusement entouré de dessins noirs, redessinés intérieurement en noir, il affadit et salit les autres tons qui l'avoisinent et leur fait perdre la faculté que quelques-uns d'entre eux ont de donner à son rayonnement toute sa finesse et toute sa transparence. Car, dans la peinture sur verre, bien plus encore que dans la peinture opaque, les tons ne prennent toute leur valeur que par l'opposition d'autres tons.

Il n'est que trop vrai que ce vitrail, œuvre d'un maître-verrier de grand talent, ne peut rivaliser avec ceux que l'on admire à la cathédrale de Chartres. Cependant, cette réserve faite au grand principe de la peinture sur verre, il nous plaît de reconnaître que l'effort n'a

(1) Don des Services financiers de la Régence de Tunis.

pas été perdu et qu'il reste autre chose que le souvenir d'un bon travail lorsque les yeux et la pensée quittent cette grande composition.

N° 020. Au-dessus de la galerie en relief, à gauche ; à l'ouest. [1]
Reproduction exacte de la verrière décrite sous le n° 01.

N° 021. Sur la façade, au-dessus du portail.

Grande rose traversée par une croix massive taillée dans la pierre. Les motifs de pierre qui dessinent cette rosace et qui doivent séparer les sujets colorés les uns des autres pèseront lourdement sur la composition d'un ensemble coupé dans tous ses contours par de larges lignes blanches qui ne pourront qu'en refroidir la coloration.

Actuellement, des verres blancs en ferment les vides.

N°° 022, 023, 024, 025. La coupole.

Cette coupole est percée de quatre baies de forme ronde fermées par des verrières polychromes, répétant toutes les mêmes dispositions et les mêmes couleurs.

A cette grande distance le jeu des lumières et les feux de la coloration disparaissent presque complètement.

N°° 026, 027.

Sur la façade, au premier étage des deux tours, à droite et à gauche, sont deux petites baies en forme de lancettes que l'on a garnies par de petites verrières en grisailles composées de fleurons.

La description qui vient d'être faite montre amplement que la bonne méthode n'a pas présidé à la mise en place des vitraux et des verrières de la cathédrale de Tunis ; elle nous conduit à dire : Puisque notre bonne fortune nous avait mis en présence d'un artiste de la valeur de M. Bessac, pourquoi ne pas l'avoir appelé dans nos murs pour reconnaître un climat où la lumière et le soleil chantent plusieurs octaves ; où l'intérieur des monuments se baigne dans un jour dévorant ? Il aurait été assez naturel, en tous les cas très prudent, de le convier à régler lui-même l'harmonie ambiante de la cathédrale avec ce sentiment de coloriste qui le distingue.

L'orientation de notre basilique ne répond évidemment pas au plan de l'abside de l'église gothique ; et, quoique depuis le xviii° siècle la plus grande liberté ait été laissée à ce sujet, l'auteur du *Dictionnaire du Droit canonique*, s'appuyant sur le *Rational* de Durand, recommande aux évêques, malgré que la forme des églises soit de-

[1] Don de M. Piat, ingénieur.

venue arbitraire, de faire placer le maître-autel, lorsque les lieux le comportent, de telle façon qu'en adorant Dieu les fidèles aient toujours la face tournée vers l'Orient.

Il est bien certain que cette disposition à jours multipliés qui percent l'abside a été conçue afin de permettre aux premiers rayons du soleil, de quelque point de l'horizon qu'ils se lèvent, de venir tomber sur l'autel pour éclairer les saints mystères.

Que l'on admette ou que l'on rejette ce symbolisme, il n'en reste pas moins acquis que l'on commet un contre-sens lorsque l'on n'oriente pas une église en style gothique, soit encore quand on ferme par des parties pleines quelques-uns des plans de l'abside, qui devraient toujours être à jour.

A Tunis, l'orientation étant différente, le jeu des lumières devait en être singulièrement modifié ; il aurait donc été de la plus grande importance que l'artiste appelé à décorer les baies eût pu l'étudier sur place, pour pouvoir en graduer les vibrations.

Dire que l'ordonnance qui vient d'être analysée plus haut donne une harmonie parfaite serait s'aventurer, mais nous croyons sincèrement que, si un artiste de goût et d'expérience était venu présider à la mise en place des vitraux, et la modifier, s'il y avait lieu, le vaisseau de notre cathédrale, si crûment éclairé, se nuancerait dans un modèle moins anguleux.

En somme, dans les baies qui restent à garnir, il y a de quoi illustrer le pinceau d'un maître-verrier !

Espérons qu'il se trouvera, il est même à croire qu'il est trouvé. Il ne resterait plus qu'à donner libre carrière à son talent.

On peut se risquer à répéter, sans être taxé de malveillance, que la cathédrale de Tunis est un monument manqué comme style. Il ne reste plus à la disposition de ses administrateurs que de faibles moyens d'atténuer cette mauvaise conception du grand art religieux ; parmi ces derniers se trouve l'ornementation des baies, qu'il serait impardonnable de négliger ; car une savante et harmonieuse ordonnance dans les vitraux couvrirait de son ombre, doucement tamisée, les lignes dures et froides d'un intérieur destiné à encadrer les divins mystères de l'Eucharistie.

Si, à la place de cette inconcevable galerie soutenue par des modillons d'un accord douteux, l'architecte avait ouvert un obscur triforium dont les vides, savamment conçus, pouvaient dessiner plus fortement le relief de ses lignes architecturales, le monument se serait alors agrandi de toute la profondeur d'une galerie intérieure

où quelques fidèles recueillis seraient venus chercher le silence et
la méditation. Malheureusement, le mal est aujourd'hui presque irréparable ; tout doit donc converger vers ce projet difficile à réaliser :
couvrir ces fautes sous la couleur ambrée des verrières et par les
rehauts fortement colorés des nombreux vitraux du chœur et de
l'abside.

Le monument, grâce à Dieu ! reste inachevé, et les clochers sont
à édifier. Il serait heureux qu'ils fussent l'objet d'une étude spé-
ciale, où leur forme, le style et le but à atteindre seraient serrés
d'aussi près qu'une aussi importante question le réclame, et leur
édification ne devrait être décidée que le jour où une commission,
composée d'ecclésiastiques et d'hommes d'une compétence éprou-
vée, aurait examiné avec le plus grand soin l'opportunité et le bien-
fondé de cette définitive mesure.

A chaque jour sa tâche : celle d'aujourd'hui est finie.

Aux croyants et aux hommes de goût à la juger et à la compléter
selon leurs vues.

Mis D'ANSELME DE PUISAYE.

Tunis, mars 1901.

TUNIS. — Imprimerie Rapide, 6, rue d'Alger